Impressum
Verlag: BABADADA GmbH, Nedderfeld 112 , 22529 Hamburg
Geschäftsführer / Verlagsleitung: Harald Hof
Druck: Books on Demand GmbH, In de Tarpen 42, 22848 Norderstedt

Imprint
Publisher: BABADADA GmbH, Nedderfeld 112 , 22529 Hamburg, Germany
Managing Director / Publishing direction: Harald Hof
Print: Books on Demand GmbH, In de Tarpen 42, 22848 Norderstedt

skola
koulu

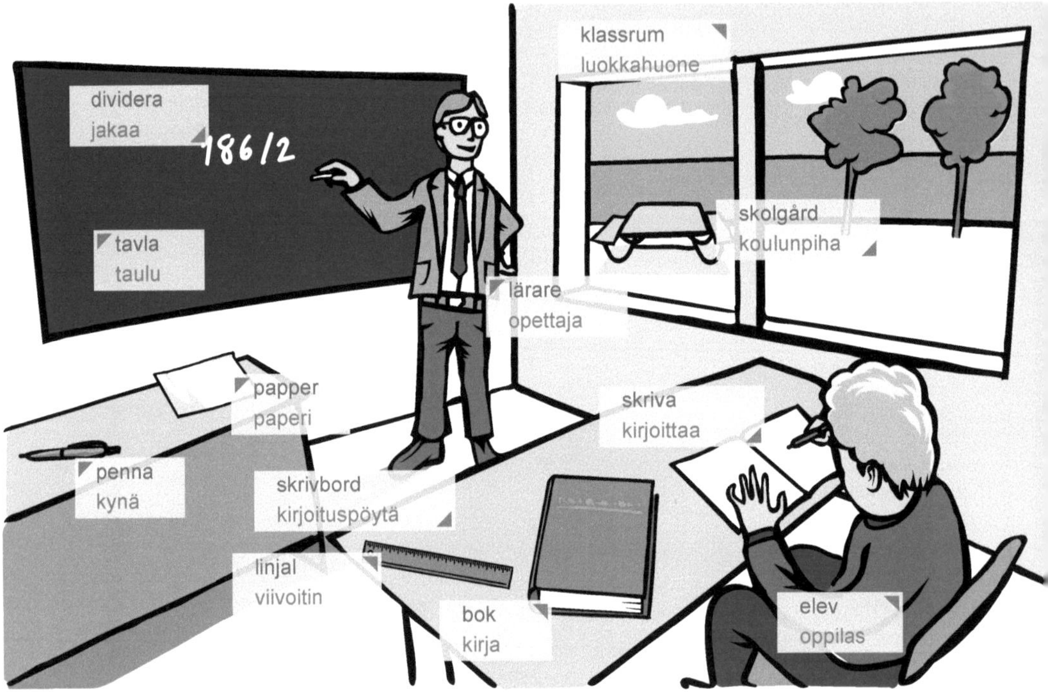

klassrum
luokkahuone
dividera
jakaa
186/2
tavla
taulu
skolgård
koulunpiha
lärare
opettaja
papper
paperi
skriva
kirjoittaa
penna
kynä
skrivbord
kirjoituspöytä
linjal
viivoitin
bok
kirja
elev
oppilas

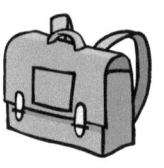

skolväska
reppu

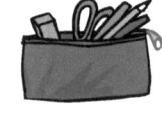

pennfodral
penaali

blyertspenna
lyijykynä

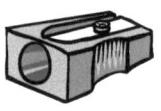

pennvässare
kynänteroitin

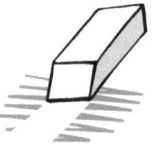

suddgummi
pyyhekumi

ritblock
piirustuslehtiö

teckning

piirustus

pensel

pensseli

målarlåda

vesivärit

sax

sakset

lim

liima

övningsbok

harjoituskirja

hemläxa

kotitehtävä

tal

luku

addera

lisätä

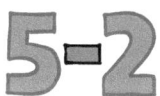

subtrahera

vähentää

multiplicera

kertoa

räkna

laskea

bokstav

kirjain

alfabet

aakkoset

ord

sana

text
teksti

läsa
lukea

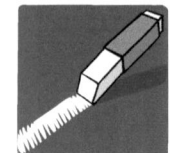

krita
liitu

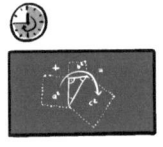

lektion
oppitunti

register
opettajan muistikirja

prov
koe

intyg
todistus

skoluniform
koulupuku

utbildning
koulutus

uppslagsverk
sanakirja

universitet
yliopisto

mikroskop
mikroskooppi

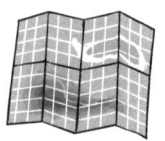

karta
kartta

papperskorg
roskakori

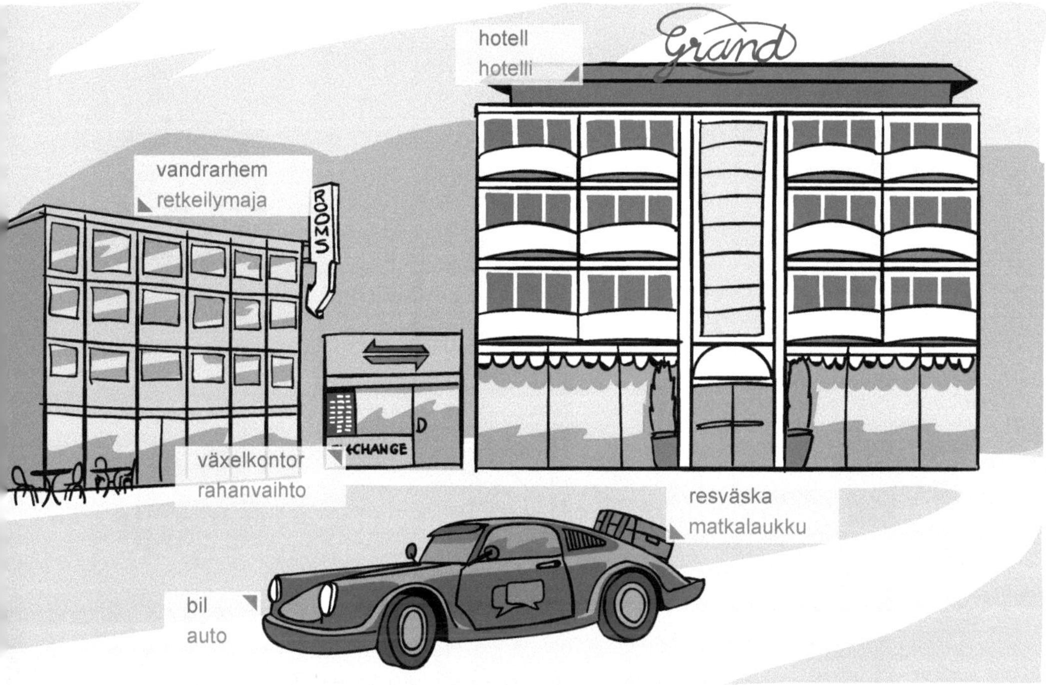
hotell
hotelli
Grand
vandrarhem
retkeilymaja
ROOMS
växelkontor
rahanvaihto
resväska
matkalaukku
bil
auto

språk
kieli

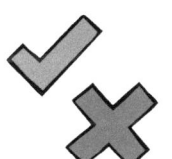

ja / nej
kyllä / ei

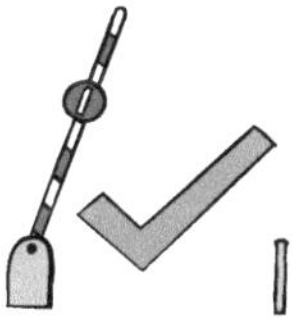
Okay
selvä

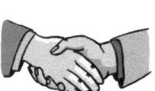

hej
hei

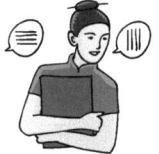

översättare
tulkki

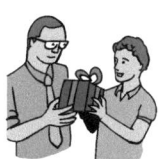

Tack
kiitos

hur mycket kostar...?

Paljonko...maksaa?

jag förstår inte

en ymmärrä

problem

ongelma

God kväll!

Hyvää iltaa!

God morgon!

Hyvää huomenta!

God natt!

Hyvää yötä!

hejdå

näkemiin

riktning

suunta

bagage

matkatavarat

väska

laukku

ryggsäck

reppu

gäst

vieras

rum

huone

sovsäck

makuupussi

tält

teltta

turistinformation

turisti-info

strand

ranta

kreditkort

luottokortti

frukost

aamupala

lunch

lounas

middag

päivällinen

biljett

matkalippu

hiss

hissi

frimärke

postimerkki

gräns

raja

tull

tulli

ambassad

suurlähetystö

visum

viisumi

pass

passi

transport
kuljetus

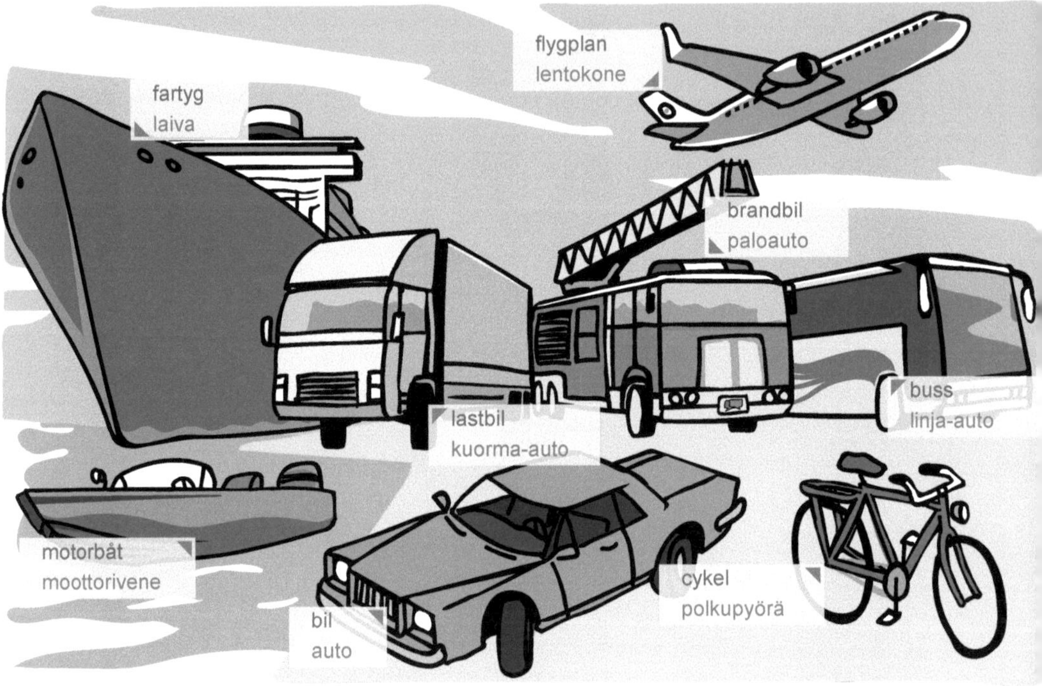

flygplan
lentokone
fartyg
laiva
brandbil
paloauto
buss
linja-auto
lastbil
kuorma-auto
motorbåt
moottorivene
cykel
polkupyörä
bil
auto

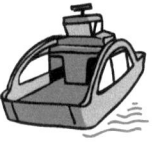

färja

lautta

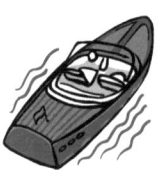

båt

vene

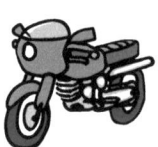

motorcykel

moottoripyörä

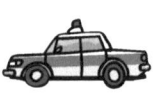

polisbil

poliisiauto

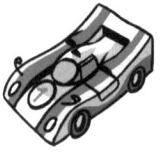

racerbil

kilpa-auto

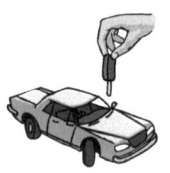

hyrbil

vuokra-auto

bilpool

car sharing

bärgningsbil

hinausauto

sopbil

roska-auto

motor

moottori

bränsle

polttoaine

bensinstation

huoltoasema

vägmärke

liikennemerkki

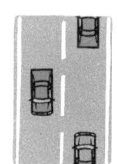

trafik

liikenne

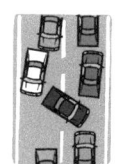

bilkö

ruuhka

parkeringsplats

parkkipaikka

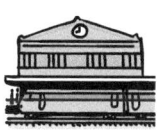

tågstation

rautatieasema

räls

raiteet

tåg

juna

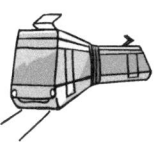

spårvagn

raitiovaunu

vagn

vaunu

transport - kuljetus

9

helikopter

helikopteri

flygplats

lentokenttä

torn

lähilennonjohto

passagerare

matkustaja

container

kontti

kartong

pahvilaatikko

vagn

kärryt

korg

kori

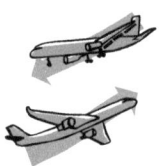

starta / landa

nousta / laskea

stad

kaupunki

by

kylä

centrum

keskusta

hus

talo

bio
elokuvateatteri

reklam
mainos

gatulampa
katuvalo

gata
katu

taxi
taksi

kiosk
kioski

fotgängare
jalankulkija

trottoar
jalkakäytävä

övergångsställe
suojatie

soptunna
jäteastia

övergångsställe
risteys

trafikljus
liikennevalot

stuga
mökki

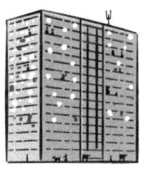

lägenhet
kerrostalo

tågstation
rautatieasema

stadshus
kaupungintalo

museum
museo

skola
koulu

stad - kaupunki

universitet	bank	sjukhus
yliopisto	pankki	sairaala

hotell	apotek	kontor
hotelli	apteekki	toimisto

bokhandel	affär	blomsterbutik
kirjakauppa	liike	kukkakauppa

stormarknad	marknad	varuhus
supermarketti	tori	tavaratalo

fiskhandlare	köpcentrum	hamn
kalakauppias	ostoskeskus	satama

park
puisto

bänk
penkki

brygga
silta

trappa
portaat

tunnelbana
metro

tunnel
tunneli

busshållplats
linja-autopysäkki

bar
baari

restaurang
ravintola

brevlåda
postilaatikko

gatuskylt
katukyltti

parkeringsautomat
parkkimittari

zoo
eläintarha

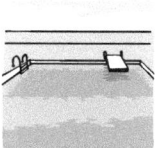

simbassäng
uimala

moské
moskeija

bondgård
maatila

förorening
ympäristön saastuminen

kyrkogård
hautausmaa

kyrka
kirkko

lekplats
leikkikenttä

tempel
temppeli

landskap
maisema

löv
lehti

vägskylt
tienviitta

väg
tie

äng
niitty

sten
kivi

träd
puu

liftare
retkeilijä

flod
joki

gräs
ruoho

blomma
kukka

dal
laakso

kulle
vuori

sjö
järvi

skog
metsä

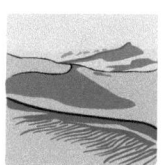

öken
aavikko

vulkan
tulivuori

slott
linna

regnbåge
sateenkaari

svamp
sieni

palm
palmu

mygga
hyttynen

fluga
kärpänen

myra
muurahainen

bi
mehiläinen

spindel
hämähäkki

skalbagge

kovakuoriainen

groda

sammakko

ekorre

orava

igelkott

siili

hare

jänis

uggla

pöllö

fågel

lintu

svan

joutsen

vildsvin

villisika

rådjur

peura

älg

hirvi

damm

pato

vindkraftverk

tuulimylly

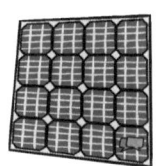

solcellspanel

aurinkopaneeli

klimat

ilmasto

landskap - maisema

restaurang
ravintola

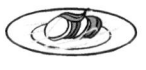

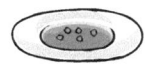

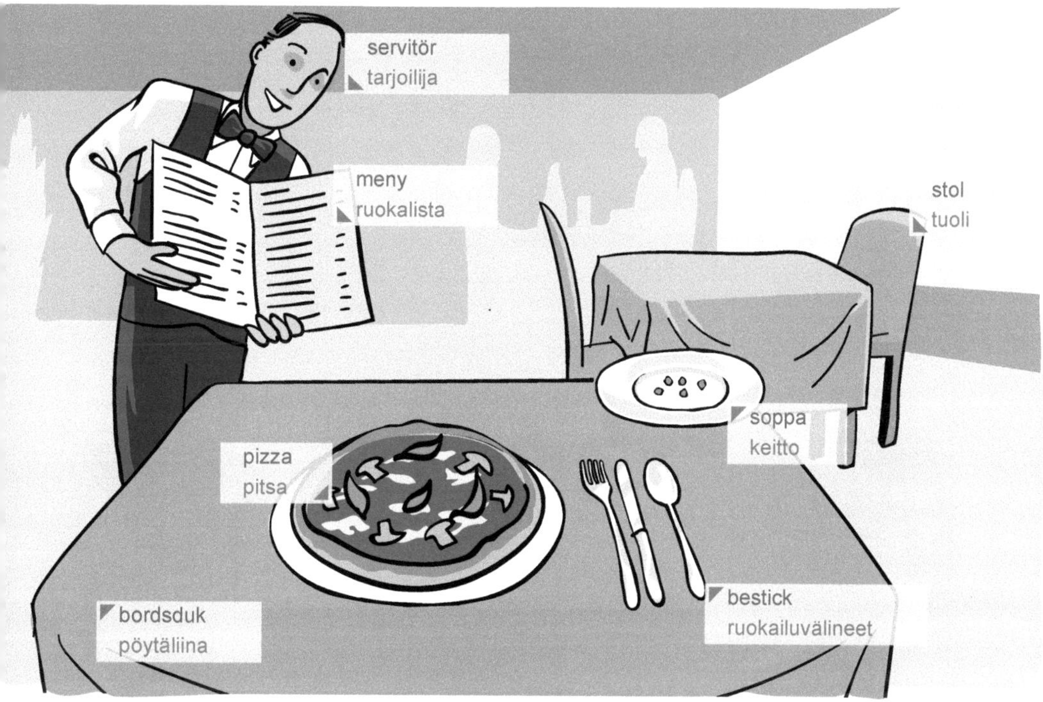

servitör
tarjoilija
meny
ruokalista
stol
tuoli
soppa
keitto
pizza
pitsa
bestick
ruokailuvälineet
bordsduk
pöytäliina

förrätt

alkuruoka

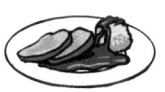

huvudrätt

pääruoka

dessert

jälkiruoka

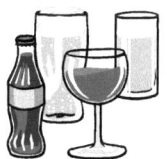

drycker

juomat

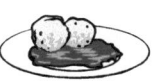

mat

ruoka

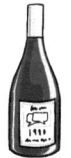

flaska

pullo

snabbmat

pikaruoka

street food

katuruoka

tekanna

teekannu

sockerskål

sokeriastia

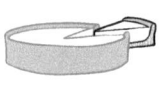

portion

annos

espressomaskin

espressokeitin

barnstol

syöttötuoli

räkning

lasku

bricka

tarjotin

kniv

veitsi

gaffel

haarukka

sked

lusikka

tesked

teelusikka

servett

servietti

glas

lasi

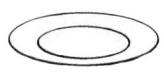

tallrik
lautanen

sopptallrik
syvä lautanen

tefat
aluslautanen

sås
kastike

saltkar
suolasirotin

pepparkvarn
pippurimylly

vinäger
etikka

olja
öljy

kryddor
mausteet

ketchup
ketsuppi

senap
sinappi

majonnäs
majoneesi

stormarknad
supermarketti

specialerbjudande
tarjous
FOR
kund
asiakas
mejeriprodukter
maitotuotteet
frukt
hedelmät
varukorg
ostoskärryt

BUTCHERS

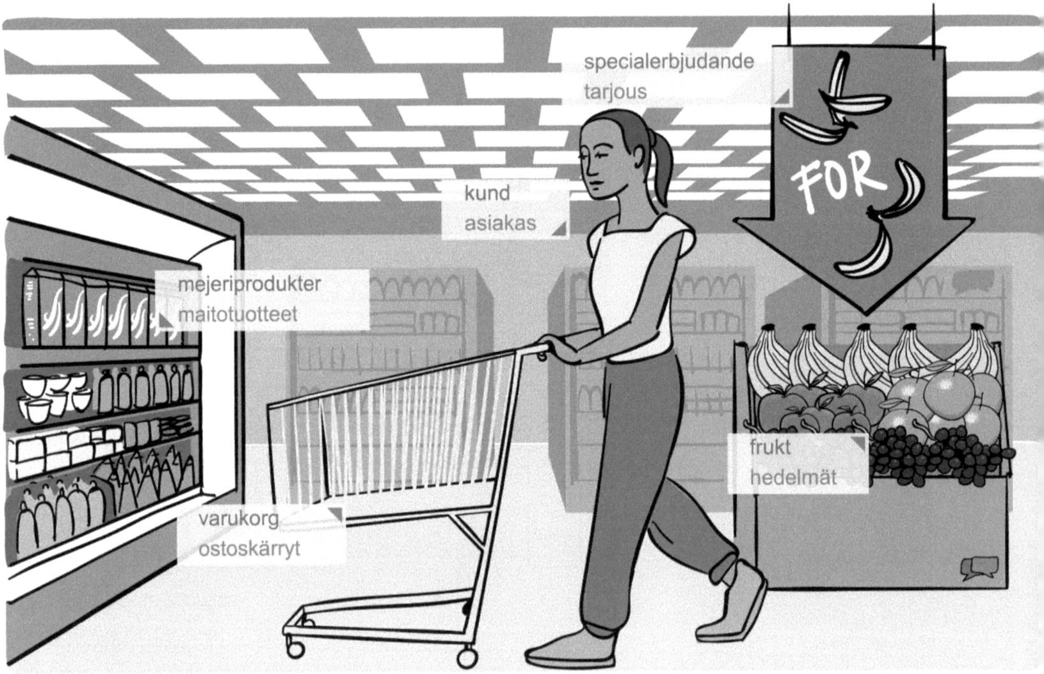

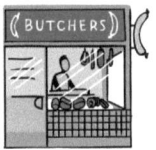

charkuteri

teurastamo

BAKERY

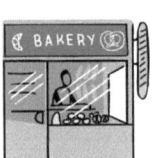

bageri

leipomo

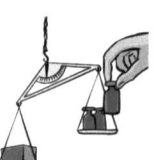

väga

punnita

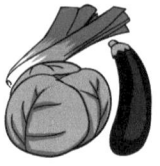

grönsaker

kasvikset

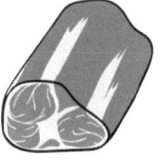

kött

liha

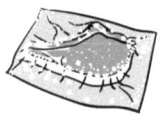

frysta livsmedel

pakasteet

pålägg

leikkele

konserver

säilykkeet

tvättmedel

pesujauhe

godis

makeiset

hushållsprodukter

kotitaloustarvikkeet

rengöringsmedel

puhdistusaineet

försäljare

myyjä

kassa

kassa

kassör

kassanhoitaja

inköpslista

ostoslista

öppettider

aukioloajat

plånbok

lompakko

kreditkort

luottokortti

väska

kassi

plastpåse

muovipussi

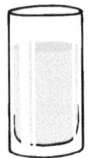

vatten
vesi

juice
mehu

mjölk
maito

cola
kokis

vin
viini

öl
olut

alkohol
alkoholi

kakao
kaakao

te
tee

kaffe
kahvi

espresso
espresso

cappuccino
cappuccino

banan

banaani

äpple

omena

apelsin

appelsiini

melon

meloni

citron

sitruuna

morot

porkkana

vitlök

valkosipuli

bambu

bambu

lök

sipuli

svamp

sieni

nötter

pähkinät

nudlar

spagetti

spaghetti

spagetti

ris

riisi

sallad

salaatti

pommes frites

ranskalaiset

stekt potatis

paistetut perunat

pizza

pitsa

hamburgare

hampurilainen

smörgås

voileipä

schnitzel

leike

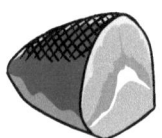

skinka

kinkku

salami

salami

korv

makkara

kyckling

kana

stek

paisti

fisk

kala

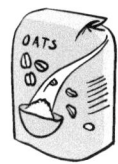

havregryn

kaurahiutaleet

müsli

mysli

cornflakes

murot

mjöl

jauho

croissant

voisarvi

fralla

sämpylä

bröd

leipä

rostat bröd

paahtoleipä

kex

keksit

smör

voi

kvarg

rahka

kaka

kakku

ägg

kananmuna

stekt ägg

paistettu kananmuna

ost

juusto

glass

jäätelö

socker

sokeri

honung

hunaja

sylt

hillo

nougatkräm

suklaapähkinälevite

curry

curry

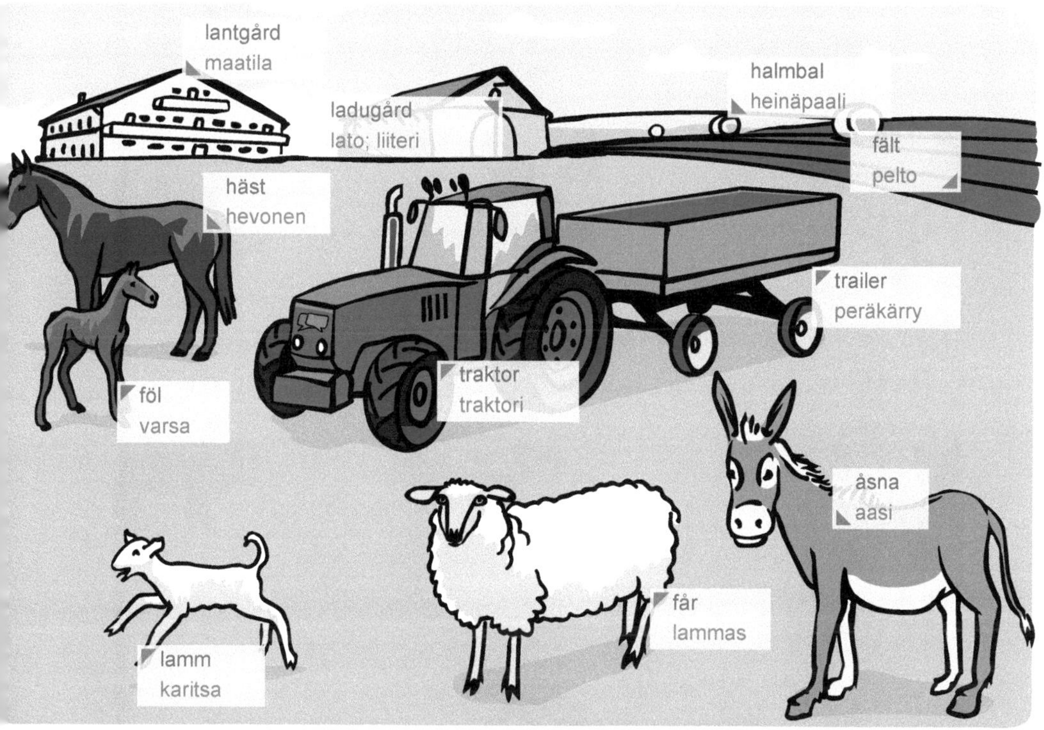

lantgård
maatila

ladugård
lato; liiteri

halmbal
heinäpaali

fält
pelto

häst
hevonen

trailer
peräkärry

föl
varsa

traktor
traktori

åsna
aasi

får
lammas

lamm
karitsa

get	ko	kalv
vuohi	lehmä	vasikka

gris	griskulting	tjur
sika	porsas	sonni

gås
hanhi

anka
ankka

kyckling
tipu

höna
kana

tupp
kukko

råtta
rotta

katt
kissa

mus
hiiri

oxe
härkä

hund
koira

hundkoja
koirankoppi

trädgårdsslang
puutarhaletku

vattenkanna
kastelukannu

lie
viikate

plog
aura

skära
sirppi

hacka
kuokka

högaffel
talikko

yxa
kirves

skottkärra
kottikärryt

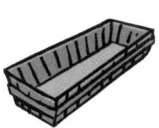

tråg
kaukalo

mjölkflaska
maitokannu

säck
säkki

staket
aita

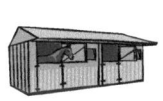

stall
talli

växthus
kasvihuone

jord
maa

säd
siemen

gödsel
lannoite

skördetröska
leikkuupuimuri

skörda

kerätä sato

skörd

sato

jams

jamssit

vete

vehnä

soja

soija

potatis

peruna

majs

maissi

raps

rypsi

fruktträd

hedelmäpuu

maniok

maniokki

spannmål

vilja

hus
talo

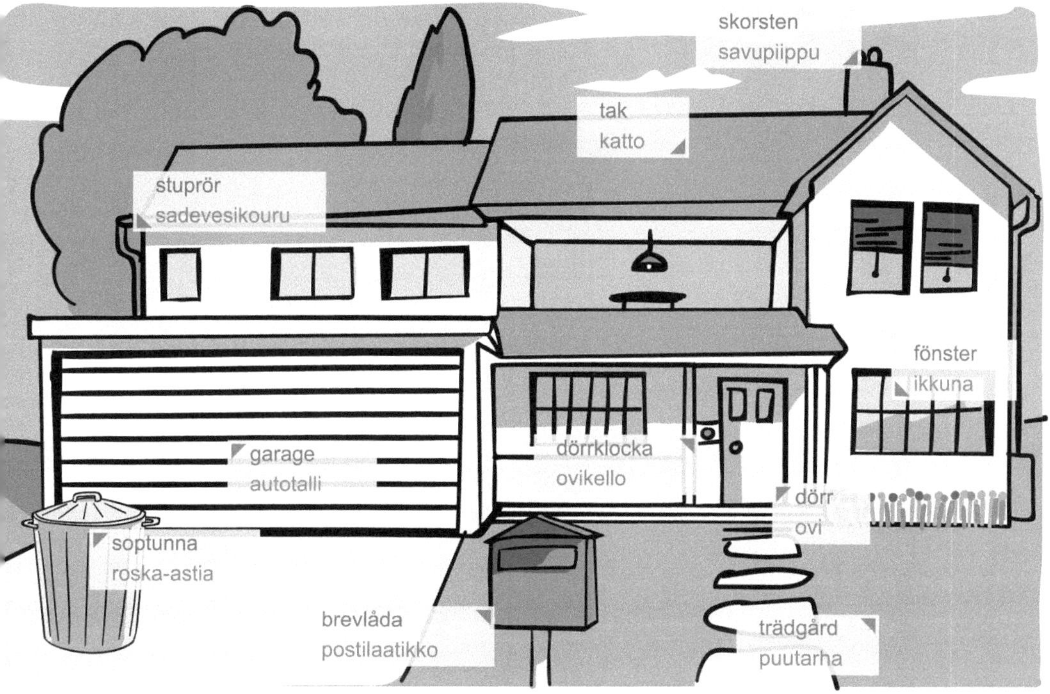

skorsten
savupiippu
tak
katto
stuprör
sadevesikouru
fönster
ikkuna
garage
autotalli
dörrklocka
ovikello
dörr
ovi
soptunna
roska-astia
brevlåda
postilaatikko
trädgård
puutarha

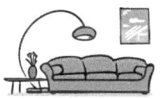

vardagsrum

olohuone

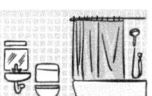

badrum

kylpyhuone

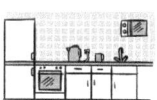

kök

keittiö

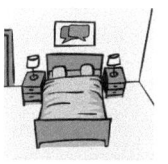

sovrum

makuuhuone

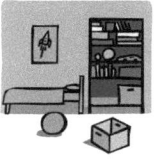

barnrum

lastenhuone

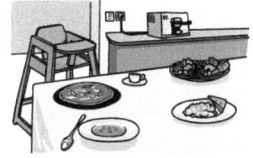

matsal

ruokahuone

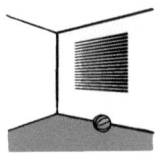

golv

lattia

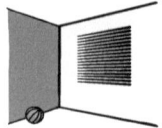

vägg

seinä

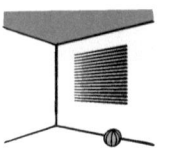

tak

katto

källare

kellari

bastu

sauna

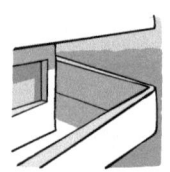

balkong

parveke

terrass

terassi

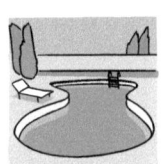

bassäng

uima-allas

gräsklippare

ruohonleikkuri

lakan

lakana

överkast

päiväpeitto

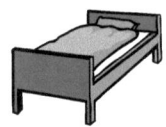

säng

sänky

kvast

harja

hink

ämpäri

strömbrytare

katkaisin

vardagsrum
olohuone

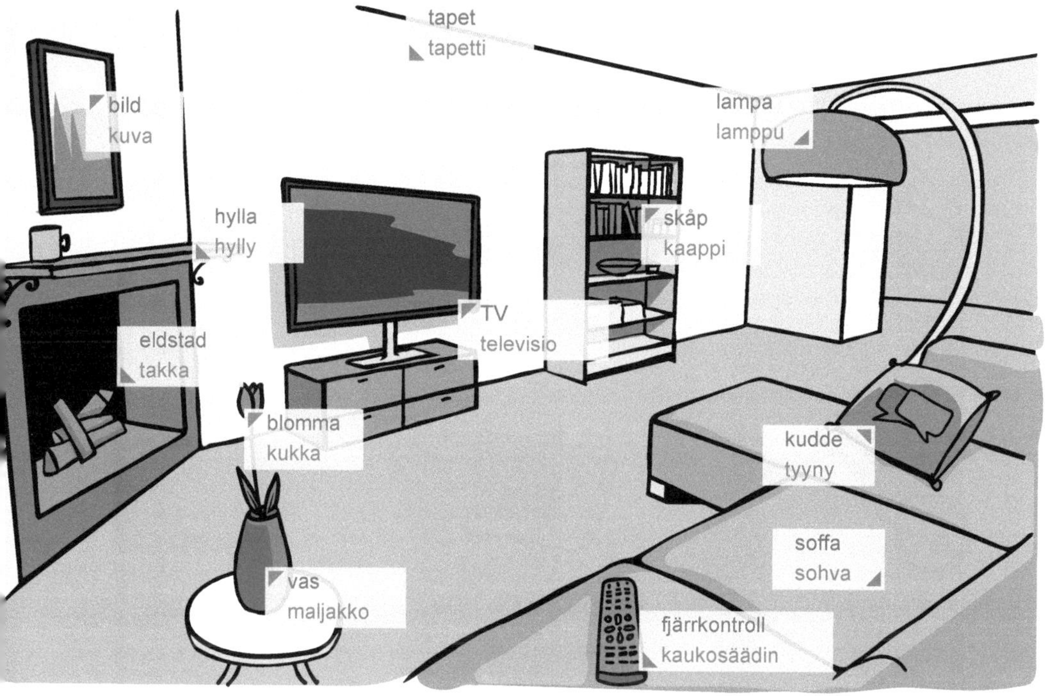
tapet
tapetti
bild
kuva
lampa
lamppu
hylla
hylly
skåp
kaappi
TV
televisio
eldstad
takka
blomma
kukka
kudde
tyyny
soffa
sohva
vas
maljakko
fjärrkontroll
kaukosäädin

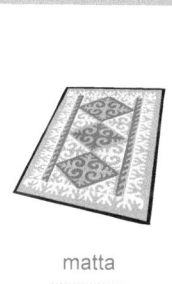

matta
matto

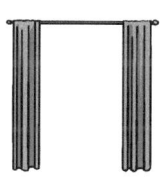

gardin
verho

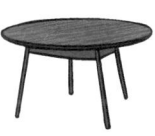

bord
pöytä

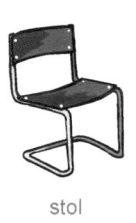

stol
tuoli

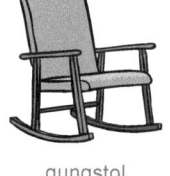

gungstol
keinutuoli

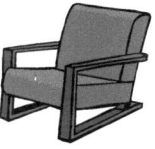

fåtölj
nojatuoli

bok
kirja

filt
peitto

dekoration
koriste

vedträ
polttopuut

film
elokuva

stereoanläggning
stereot

nyckel
avain

dagstidning
sanomalehti

målning
maalaus

poster
juliste

radio
radio

anteckningsbok
muistivihko

dammsugare
pölynimuri

kaktus
kaktus

stearinljus
kynttilä

kök
keittiö

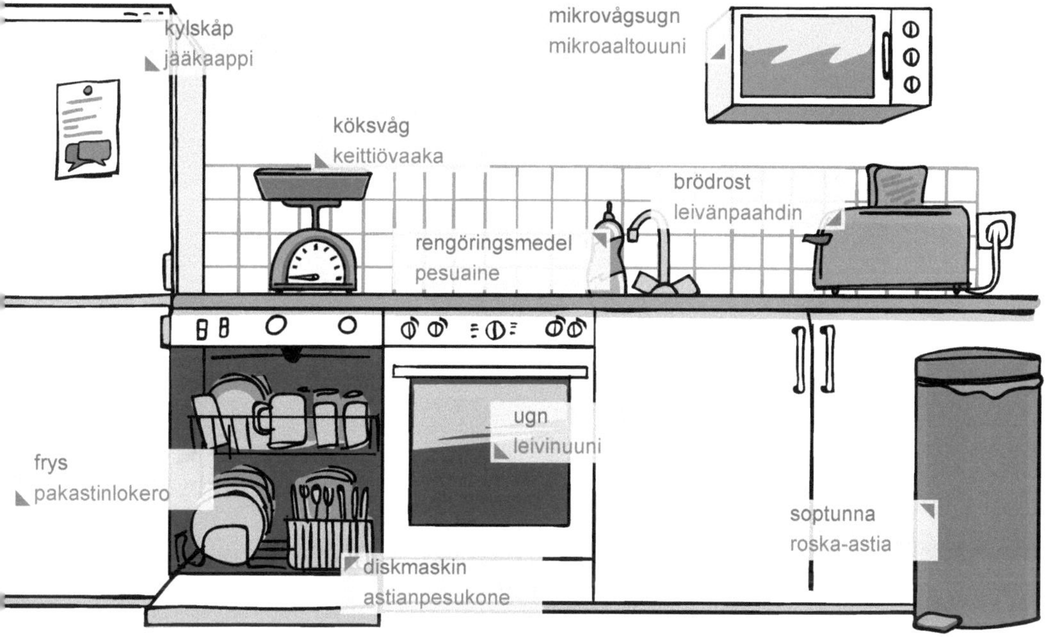

kylskåp
jääkaappi
mikrovågsugn
mikroaaltouuni
köksvåg
keittiövaaka
brödrost
leivänpaahdin
rengöringsmedel
pesuaine
ugn
leivinuuni
frys
pakastinlokero
soptunna
roska-astia
diskmaskin
astianpesukone

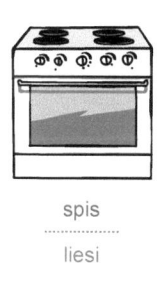

spis
liesi

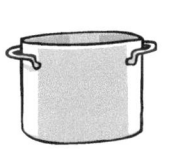

kastrull
kattila

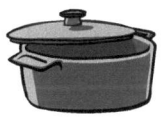

järngryta
rautapata

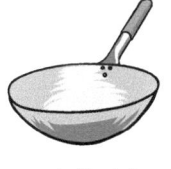

wok / kadai
vokkipannu / kadai-pannu

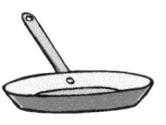

stekpanna
paistinpannu

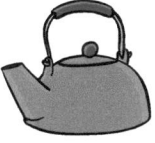

vattenkokare
teepannu

ångkokare

höyrykeitin

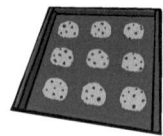

bakplåt

uunipelti

porslin

astiat

mugg

muki

skål

kulho

ätpinnar

syömäpuikot

soppslev

kauha

stekspade

paistinlasta

visp

vispilä

durkslag

siivilä

sil

siivilä

rivjärn

raastin

mortel

mortteli

grill

grilli

brasa

avotuli

skärbräda

leikkuulauta

kavel

kaulin

korkskruv

korkinavaaja

burk

purkki

burköppnare

purkinavaaja

grytlapp

pannulappu

vask

lavuaari

borste

tiskiharja

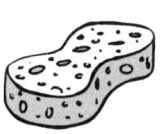

svamp

pesusieni

mixer

tehosekoitin

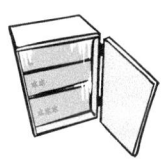

frys

pakastin

nappflaska

tuttipullo

kran

vesihana

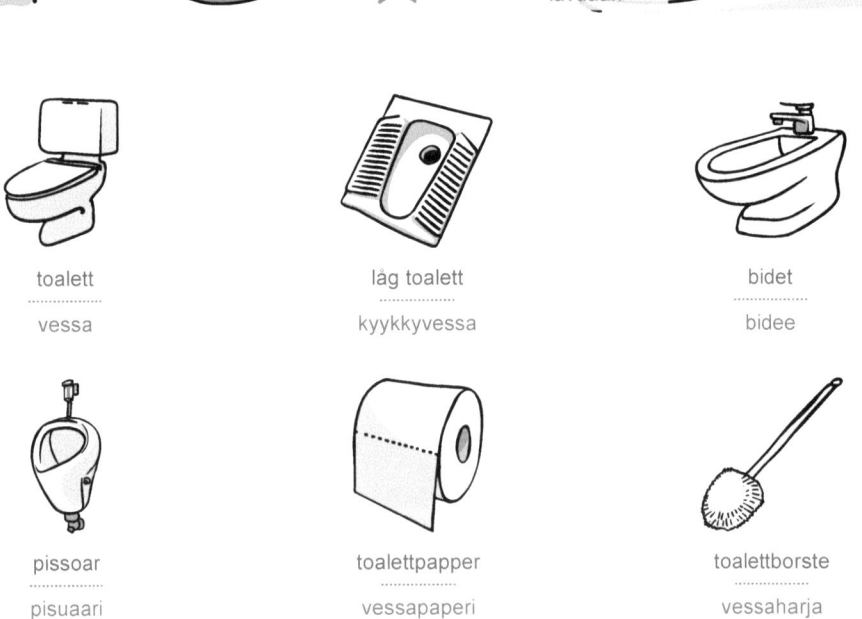

badrum
kylpyhuone

värme
lämmitys
handduk
pyyhe
dusch
suihku
duschdraperi
suihkuverho
bubbelbad
vaahtokylpy
badkar
kylpyamme
glas
lasi
tvättmaskin
pesukone
kran
vesihana
kakel
kaakelit
potta
potta
vask
lavuaari

toalett

vessa

låg toalett

kyykkyvessa

bidet

bidee

pissoar

pisuaari

toalettpapper

vessapaperi

toalettborste

vessaharja

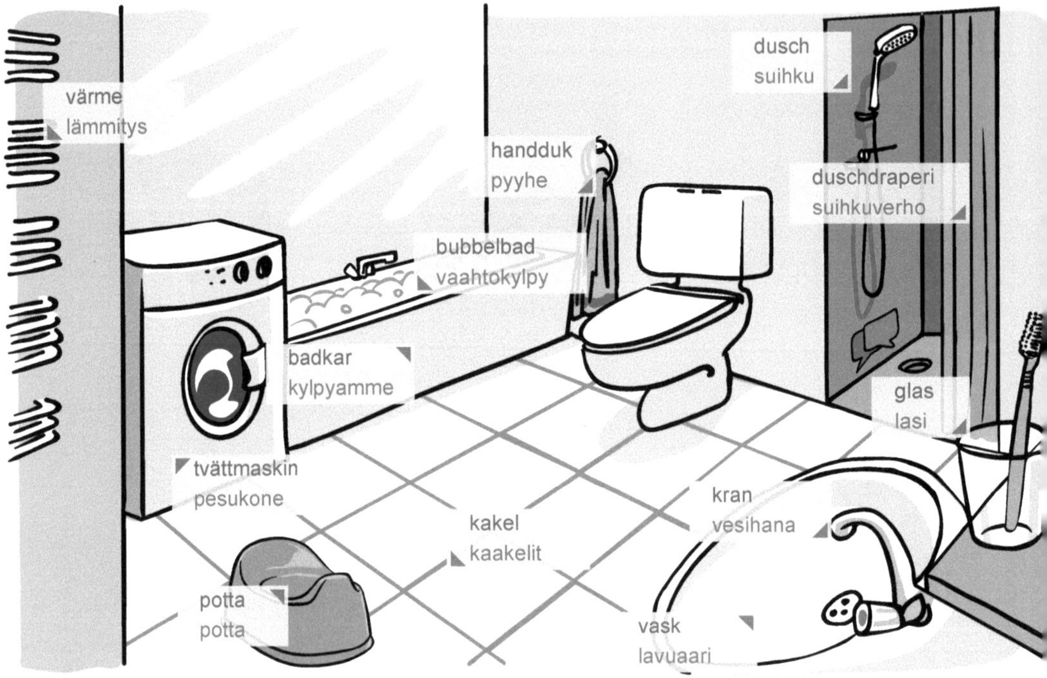

tandborste

hammasharja

tandkräm

hammastahna

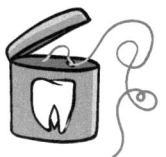

tandtråd

hammaslanka

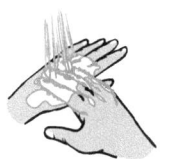

tvätta

pestä

handdusch

käsisuihku

intimdusch

intiimisuihku

handfat

pesuvati

ryggborste

selkäharja

tvål

saippua

duschgel

suihkugeeli

schampo

shampoo

trasa

pesulappu

avlopp

viemäri

crème

voide

deodorant

deodorantti

spegel
peili

handspegel
käsipeili

rakhyvel
partaveitsi

raklödder
partavaahto

rakvatten
partavesi

kam
kampa

borste
harja

hårtork
hiustenkuivaaja

hårspray
hiuslakka

smink
meikki

läppstift
huulipuna

nagellack
kynsilakka

bomullsvadd
pumpuli

nagelsax
kynsisakset

parfym
hajuvesi

necessär

kosmetiikkalaukku

pall

jakkara

våg

vaaka

badrock

kylpytakki

gummihandskar

kumihansikkaat

tampong

tamponi

binda

terveysside

kemisk toalett

kemiallinen wc

barnrum
lastenhuone

väckarklocka
herätyskello
gosedjur
pehmolelu
leksaksbil
leikkiauto
skallra
helistin
dockhus
nukkekoti
present
lahja

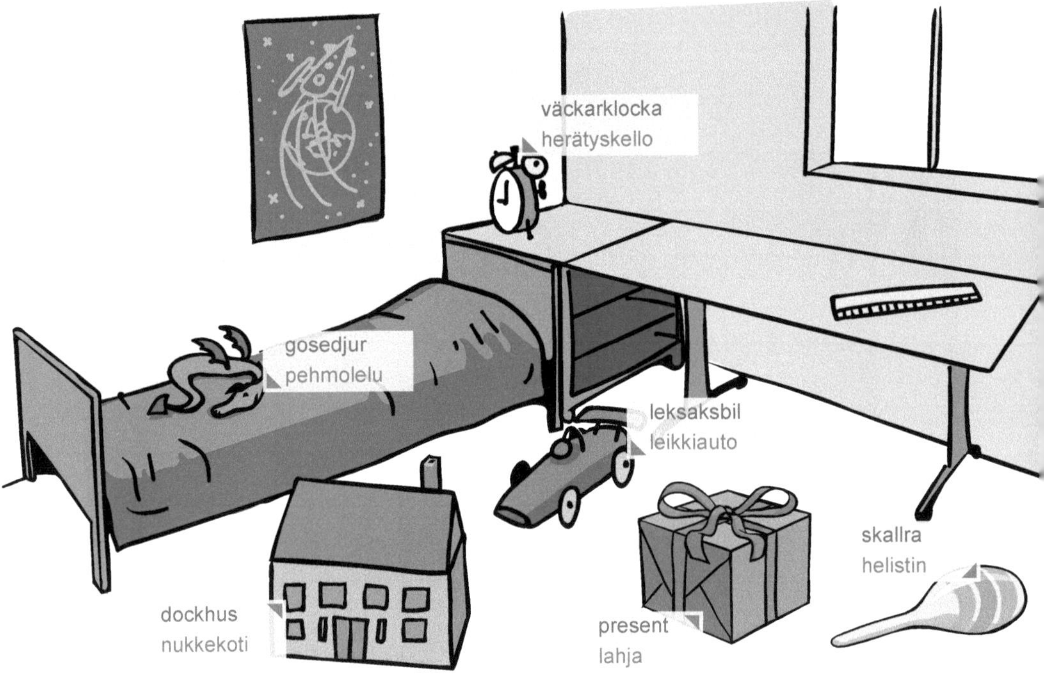

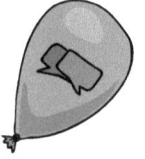

ballong
ilmapallo

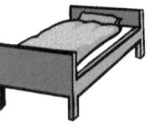

säng
sänky

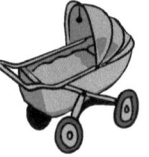

barnvagn
lastenvaunut

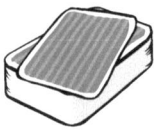

kortlek
korttipeli

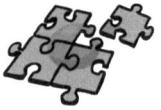

pussel
palapeli

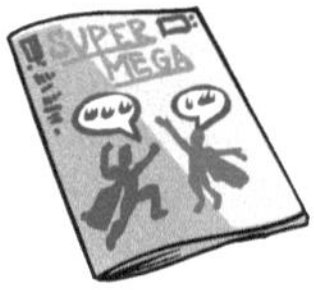

serietidning
sarjakuva

legobitar

legopalikat

klossar

rakennuspalikat

actionfigur

supersankari

sparkdräkt

potkupuku

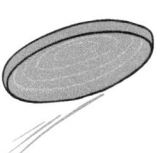

frisbee

frisbee

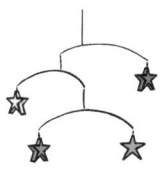

mobil

mobile

brädspel

lautapeli

tärning

noppa

modelljärnväg

pienoisjunarata

napp

tutti

party

juhlat

bilderbok

kuvakirja

boll

pallo

docka

nukke

spela

leikkiä

sandlåda
hiekkalaatikko

gunga
keinu

leksaker
lelut

spelkonsol
pelikonsoli

trehjuling
kolmipyörä

nalle
nalle

garderob
vaatekaappi

kläder

vaatteet

sockar
sukat

strumpor
nylonsukat

tights
sukkahousut

halsduk
kaulaliina

bälte
vyö

paraply
sateenvarjo

t-shirt
t-paita

sneakers
lenkkarit

stövlar
saappaat

tofflor
sisätossut

sandaler	skor	gummistövlar
sandaalit	kengät	kumisaappaat
underbyxor	BH	linne
alushousut	rintaliivit	aluspaita

body
body

byxor
housut

jeans
farkut

kjol
hame

blus
pusero

skjorta
paita

pullover
villapaita

sweater
collegepaita

blazer
jakku

jacka
takki

kappa
takki

regnjacka
sadetakki

dräkt
puku

klänning
mekko

bröllopsklänning
hääpuku

kostym

puku

nattlinne

yöpaita

pyjamas

pyjama

sari

shari

slöja

päähuivi

turban

turbaani

burka

burka

kaftan

kaftaani

abaya

abaya

baddräkt

uimapuku

badbyxor

uimahousut

shorts

shortsit

träningsoverall

verkkarit

förkläde

esiliina

handskar

käsineet

knapp

nappi

glasögon

silmälasit

armband

rannekoru

halsband

kaulakoru

ring

sormus

örhänge

korvakoru

mössa

lippalakki

galge

ripustin

hatt

hattu

slips

solmio

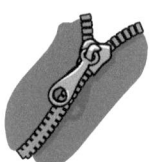

dragkedja

vetoketju

hjälm

kypärä

hängslen

henkselit

skoluniform

koulupuku

uniform

univormu

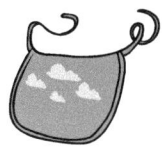

haklapp

ruokalappu

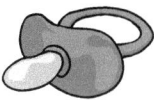

napp

tutti

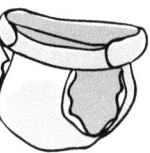

blöja

vaippa

kontor
toimisto

server
palvelin
dokumentskåp
asiakirjakaappi
skrivare
tulostin
papper
paperi
bildskärm
näyttö
mus
hiiri
skrivbord
kirjoituspöytä
mapp
kansio
tangentbord
näppäimistö
papperskorg
roskakori
dator
tietokone
stol
tuoli

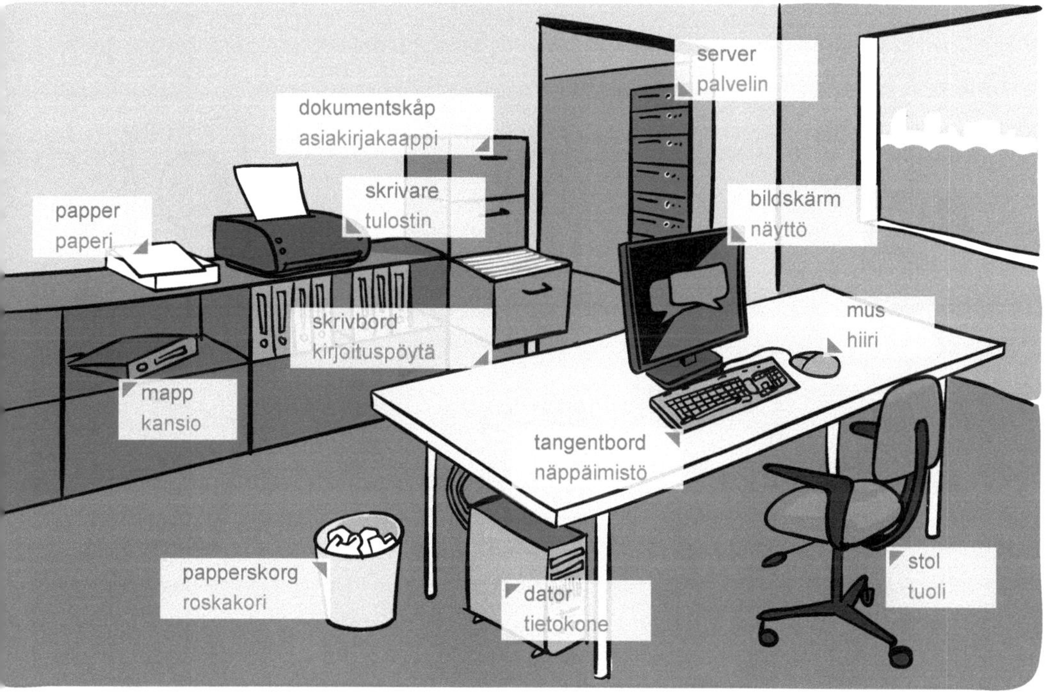

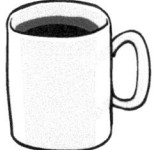

kaffemugg

kahvimuki

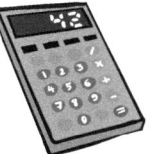

miniräknare

taskulaskin

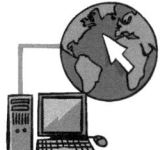

internet

internet

bärbar dator

kannettava tietokone

brev

kirje

meddelande

viesti

mobiltelefon

kännykkä

nätverk

verkko

kopieringsapparat

kopiokone

programvara

ohjelmisto

telefon

puhelin

vägguttag

pistorasia

fax

faksi

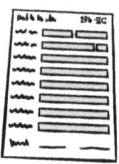

blankett

lomake

dokument

asiakirja

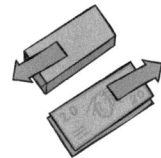

köpa
ostaa

betala
maksaa

handla
vaihtaa

pengar
raha

dollar
dollari

euro
euro

yen
jeni

rubel
rupla

schweizisk franc
frangi

renminbi yan
renminbi juan

rupie
rupia

bankomat
pankkiautomaatti

växelkontor

rahanvaihto

guld

kulta

silver

hopea

olja

öljy

energi

energia

pris

hinta

kontrakt

sopimus

skatt

vero

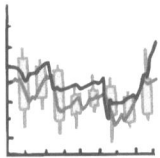

aktie

osake

arbeta

työskennellä

anställd

työntekijä

arbetsgivare

työnantaja

fabrik

tehdas

affär

liike

ekonomi - talous

polis
poliisi

brandman
palomies

kock
kokki

läkare
lääkäri

pilot
lentäjä

trädgårdsmästare

puutarhuri

snickare

puuseppä

sömmerska

ompelija

domare

tuomari

kemist

kemisti

skådespelare

näyttelijä

busschaufför

linja-autonkuljettaja

taxichaufför

taksinkuljettaja

fiskare

kalastaja

städerska

siivooja

takläggare

katontekijä

servitör

tarjoilija

jägare

metsästäjä

målare

maalari

bagare

leipuri

elektriker

sähköasentaja

byggarbetare

rakentaja

ingenjör

insinööri

slaktare

teurastaja

rörmokare

putkiasentaja

brevbärare

postinjakaja

soldat
sotilas

arkitekt
arkkitehti

kassör
kassanhoitaja

florist
floristi

frisör
kampaaja

konduktör
konduktööri

mekaniker
mekaanikko

kapten
kapteeni

tandläkare
hammaslääkäri

vetenskapsman
tiedemies

rabbin
rabbi

imam
imaami

munk
munkki

präst
pappi

verktyg
työkalut

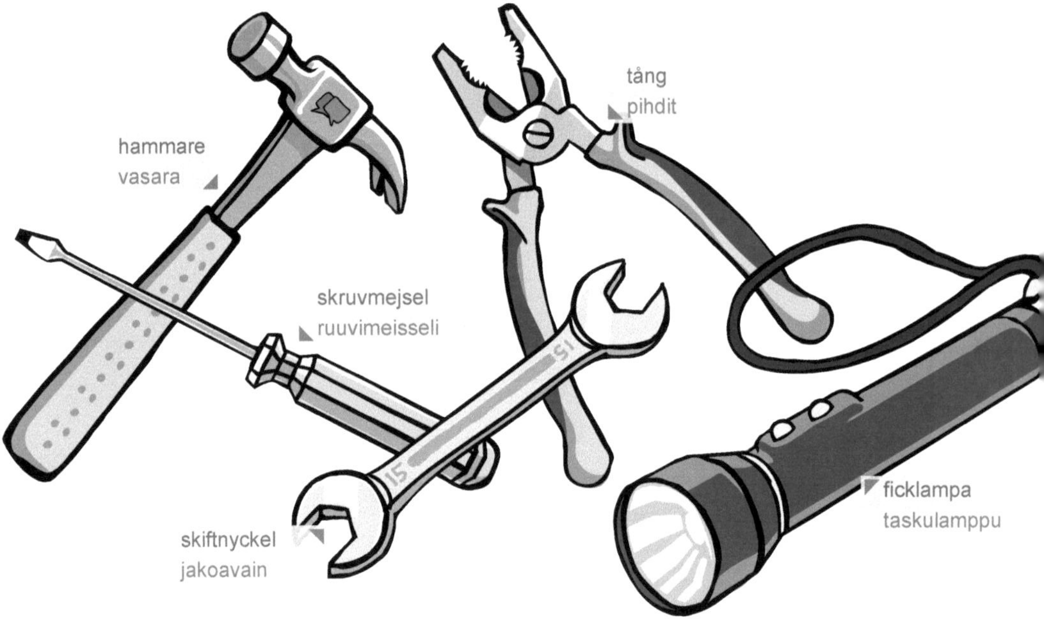
hammare
vasara
tång
pihdit
skruvmejsel
ruuvimeisseli
skiftnyckel
jakoavain
ficklampa
taskulamppu

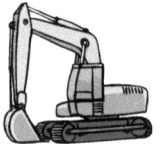

grävmaskin
kaivinkone

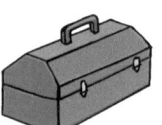

verktygslåda
työkalupakki

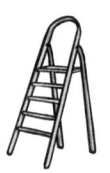

stege
tikkaat

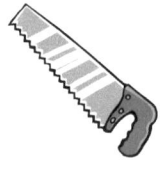

såg
saha

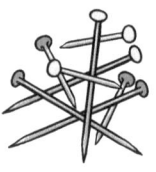

spik
naulat

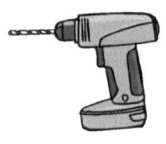

borr
pora

reparera
korjata

spade
lapio

Helvete!
Hitto!

sopskyffel
rikkalapio

färgburk
maalipurkki

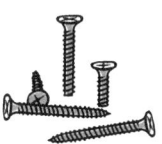

skruvar
ruuvit

musikinstrument
soittimet

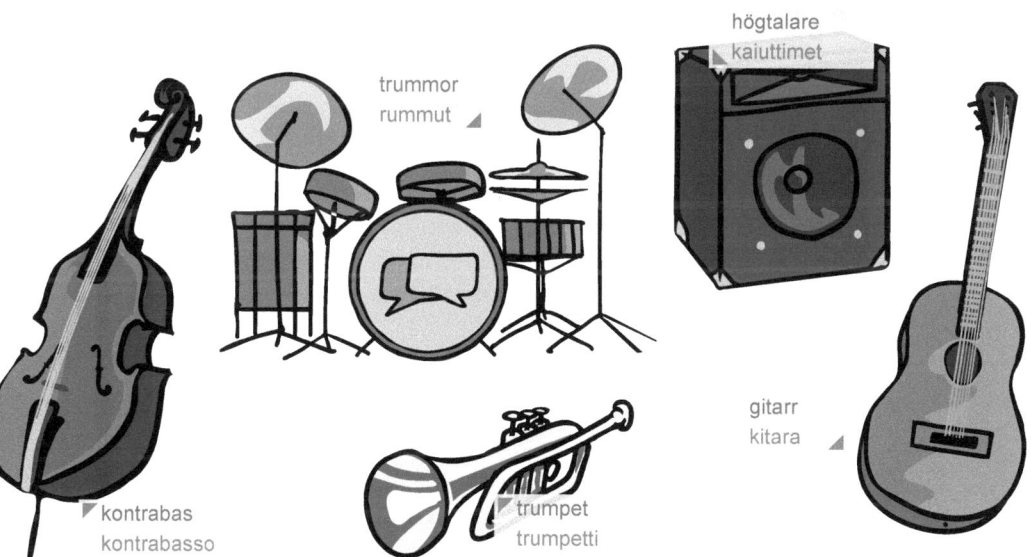

högtalare
kaiuttimet

trummor
rummut

gitarr
kitara

kontrabas
kontrabasso

trumpet
trumpetti

piano

piano

violin

viulu

bas

basso

timpani

patarummut

trumma

rumpu

keyboard

kosketinsoitin

saxofon

saksofoni

flöjt

huilu

mikrofon

mikrofoni

zoo
eläintarha

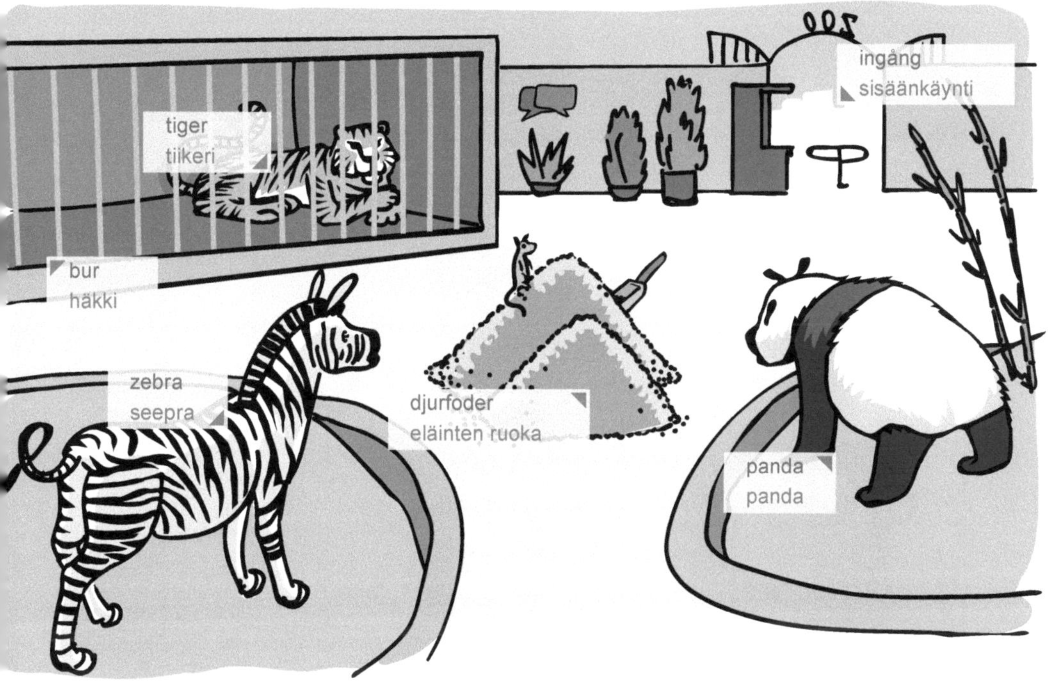
tiger
tiikeri
ingång
sisäänkäynti
bur
häkki
zebra
seepra
djurfoder
eläinten ruoka
panda
panda

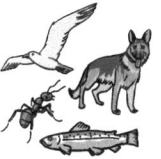

djur

eläimet

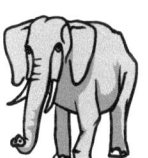

elefant

norsu

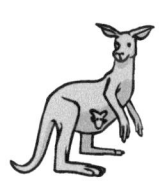

känguru

kenguru

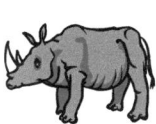

noshörning

sarvikuono

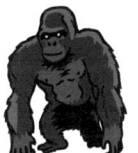

gorilla

gorilla

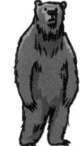

björn

karhu

kamel	struts	lejon
kameli	strutsi	leijona

apa	flamingo	papegoja
apina	flamingo	papukaija

isbjörn	pingvin	haj
jääkarhu	pingviini	hai

påfågel	orm	krokodil
riikinkukko	käärme	krokotiili

djurskötare	säl	jaguar
eläintarhanhoitaja	hylje	jaguaari

ponny
poni

leopard
leopardi

flodhäst
virtahepo

giraff
kirahvi

örn
kotka

vildsvin
villisika

fisk
kala

sköldpadda
kilpikonna

valross
mursu

räv
kettu

gazell
gaselli

zoo - eläintarha

amerikansk fotboll
amerikkalainen jalkapallo

cykling
pyöräily

tennis
tennis

basket
koripallo

simning
uinti

boxning
nyrkkeily

ishockey
jääkiekko

fotboll
jalkapallo

badminton
sulkapallo

friidrott
yleisurheilu

handboll
käsipallo

skidåkning
hiihto

polo
poolo

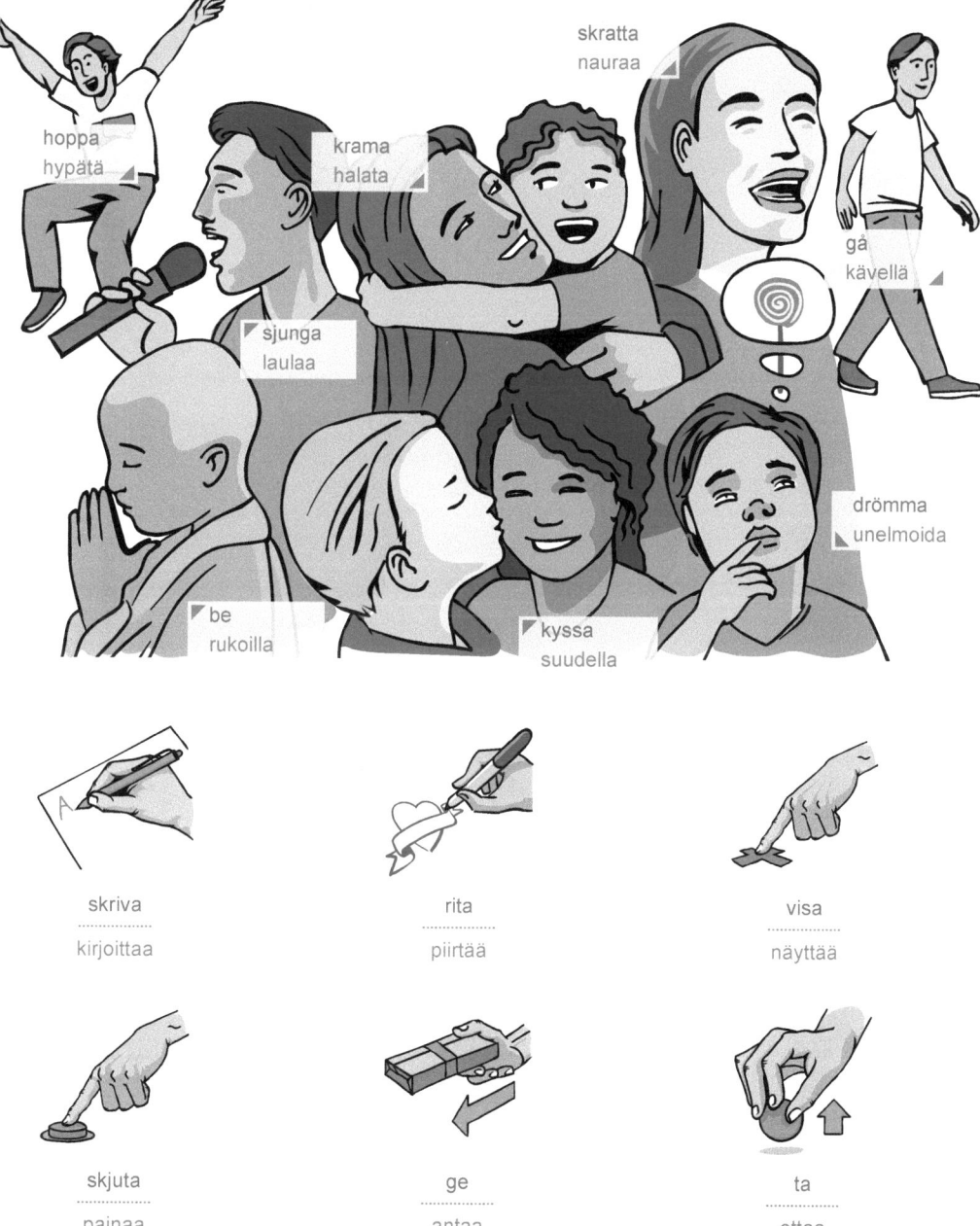

hoppa
hypätä

skratta
nauraa

krama
halata

gå
kävellä

sjunga
laulaa

drömma
unelmoida

be
rukoilla

kyssa
suudella

| skriva | rita | visa |
| kirjoittaa | piirtää | näyttää |

| skjuta | ge | ta |
| painaa | antaa | ottaa |

hagel

omistaa

göra

tehdä

vara

olla

stå

seisoa

springa

juosta

dra

vetää

kasta

heittää

falla

kaatua

ligga

maata

vänta

odottaa

bära

kantaa

sitta

istua

klä på

pukeutua

sova

nukkua

vakna

herätä

se på
katsoa

gråta
itkeä

smeka
silittää

kamma
kammata

prata
puhua

förstå
ymmärtää

fråga
kysyä

höra
kuunnella

dricka
juoda

äta
syödä

städa
siivota

älska
rakastaa

laga mat
keittää

köra
ajaa

flyga
lentää

segla

purjehtia

räkna

laskea

läsa

lukea

lära sig

oppia

arbeta

työskennellä

gifta sig

mennä naimisiin

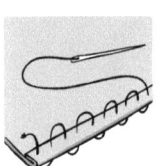

sy

ommella

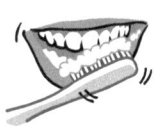

borsta tänderna

pestä hampaat

döda

tappaa

röka

tupakoida

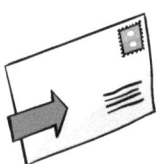

skicka

lähettää

familj
perhe

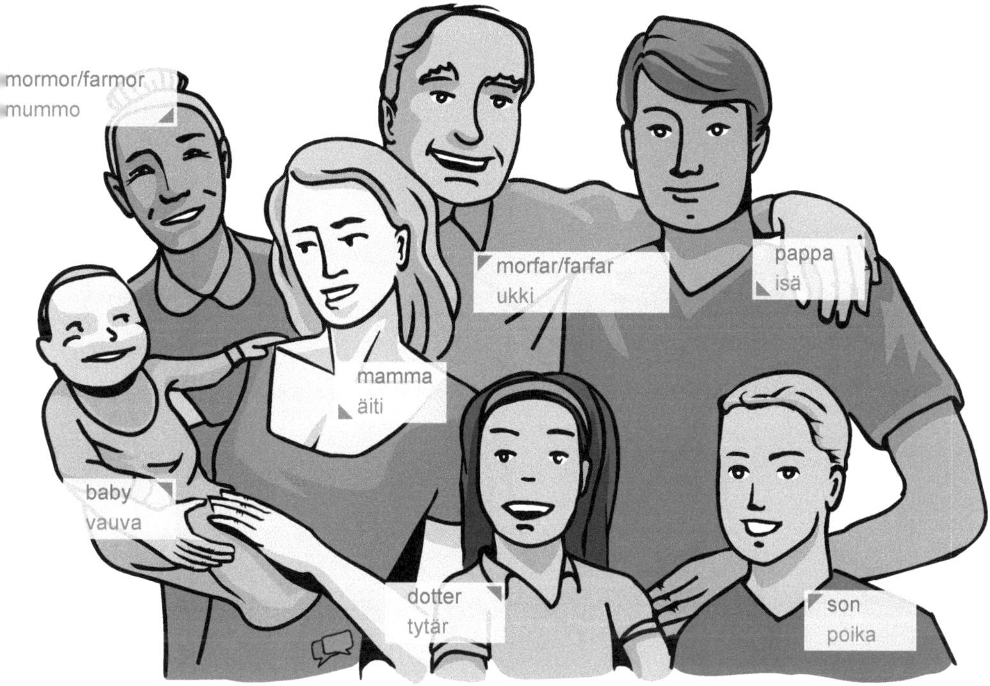
mormor/farmor
mummo
morfar/farfar
ukki
pappa
isä
mamma
äiti
baby
vauva
dotter
tytär
son
poika

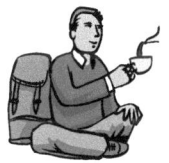

gäst

vieras

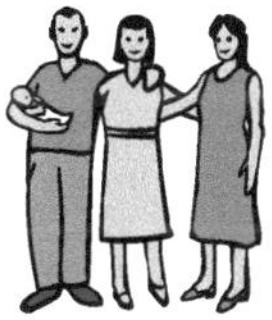

moster/faster

täti

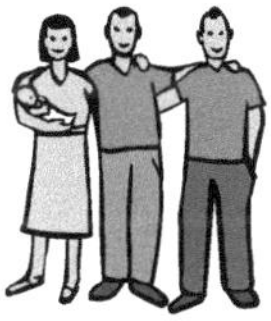

farbror/morbror

setä

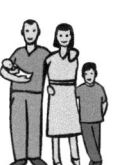

bror

veli

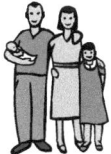

syster

sisko

kropp
vartalo

panna
otsa
öga
silmä
skuldra
olkapää
finger
sormet
ansikte
kasvot
haka
leuka
hand
käsi
ben
jalka
bröst
rinta
arm
käsivarsi

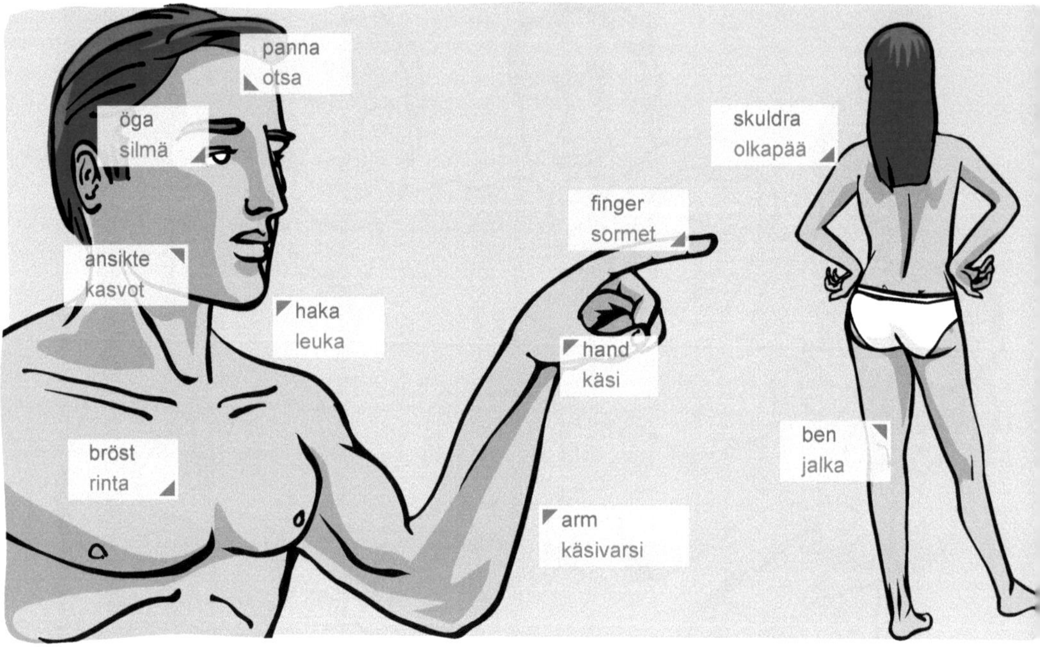

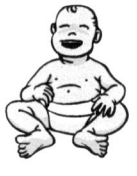

baby

vauva

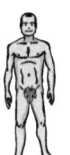

man

mies

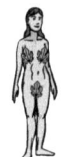

kvinna

nainen

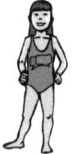

flicka

tyttö

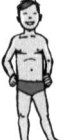

pojke

poika

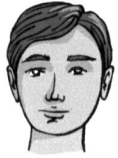

huvud

pää

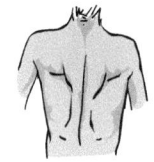

rygg

selkä

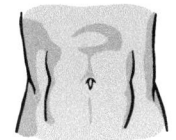

mage

maha

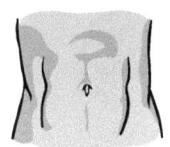

navel

napa

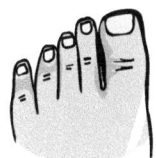

tå

varvas

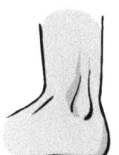

häl

kantapää

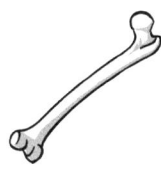

ben

luu

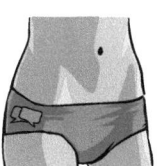

höft

lantio

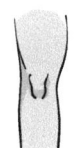

knä

polvi

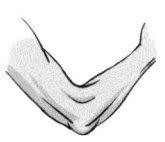

armbåge

kyynärpää

näsa

nenä

stjärt

takapuoli

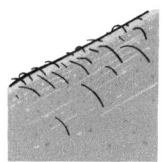

hud

iho

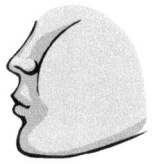

kind

poski

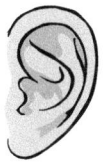

öra

korva

läpp

huuli

mun

suu

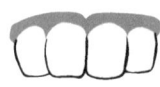

tand

hammas

tunga

kieli

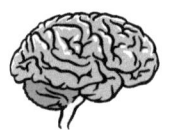

hjärna

aivot

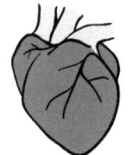

hjärta

sydän

muskel

lihas

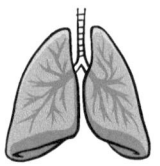

lunga

keuhkot

lever

maksa

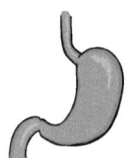

magsäck

vatsa

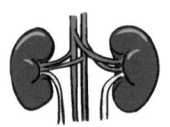

njurar

munuaiset

sex

seksi

kondom

kondomi

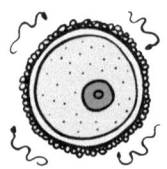

äggcell

munasolu

sperma

sperma

graviditet

raskaus

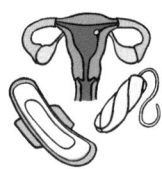

menstruation

kuukautiset

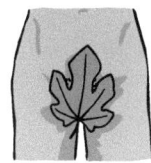

vagina

vagina

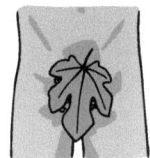

penis

penis

ögonbryn

kulmakarvat

hår

hiukset

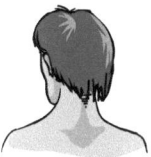

nacke

niska

sjukhus
sairaala

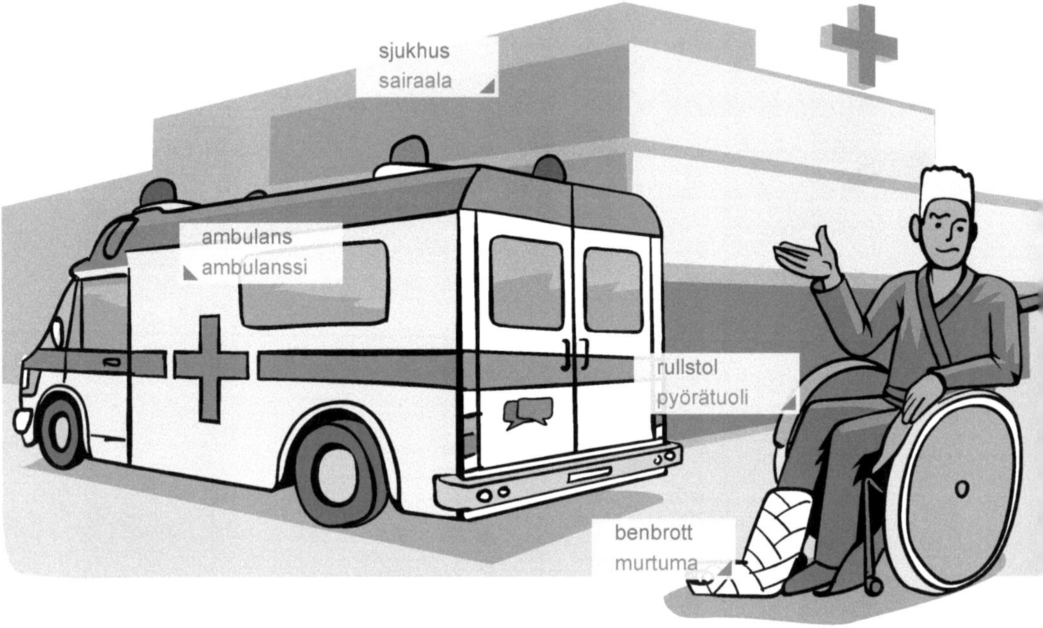

sjukhus
sairaala
ambulans
ambulanssi
rullstol
pyörätuoli
benbrott
murtuma

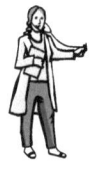

läkare

lääkäri

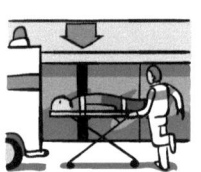

akutmottagning

ensiapu

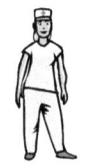

sjuksköterska

sairaanhoitaja

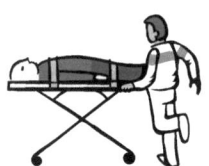

nödsituation

hätätilanne

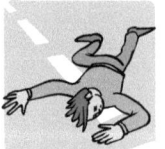

medvetslös

tajuton

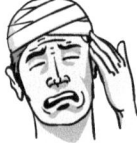

smärta

kipu

skada

vamma

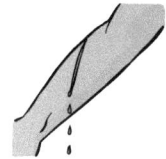

blödning

verenvuoto

hjärtattack

sydänkohtaus

slaganfall

aivoinfarkti

allergi

allergia

hosta

yskä

feber

kuume

influensa

flunssa

diarré

ripuli

huvudvärk

päänsärky

cancer

syöpä

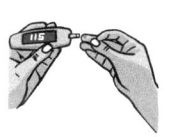

diabetes

diabetes

kirurg

kirurgi

skalpell

veitsi

operation

leikkaus

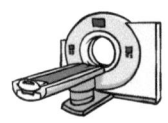

CT
ct

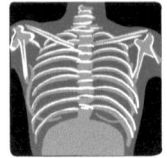

röntgen
röntgen

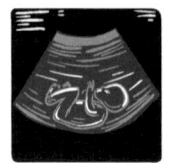

ultraljud
ultraääni

ansiktsmask
maski

sjukdom
sairaus

väntsal
odotushuone

krycka
sauva

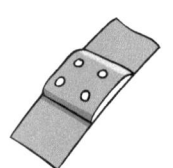

plåster
laastari

bandage
side

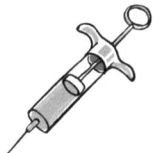

injektion
pistos

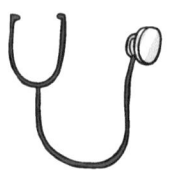

stetoskop
stetoskooppi

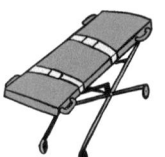

bår
paarit

termometer
kuumemittari

födsel
syntymä

övervikt
ylipaino

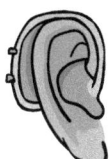

hörapparat

kuulolaite

desinfektionsmedel

desinfiointiaine

infektion

infektio

virus

virus

HIV / AIDS

HIV / AIDS

medicin

lääke

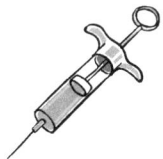

vaccination

rokotus

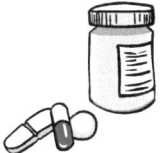

tabletter

tabletit

p-piller

pilleri

nödsamtal

hätäpuhelu

blodtrycksmätare

verenpainemittari

sjuk / frisk

sairas / terve

Hjälp!

Apua!

alarm

hälytys

överfall

ryöstö

misshandel

hyökkäys

fara

vaara

nödutgång

hätäuloskäynti

Det brinner!

Tulipalo!

brandsläckare

palosammutin

olycka

onnettomuus

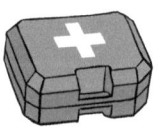

förbandslåda

ensiapulaukku

SOS

SOS

polis

poliisilaitos

Europa

Eurooppa

Nordamerika

Pohjois-Amerikka

Sydamerika

Etelä-Amerikka

Afrika

Afrikka

Asien

Aasia

Australien

Australia

Atlanten

Atlantin valtameri

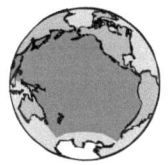

Stilla Havet

Tyynimeri

Indiska Oceanen

Intian valtameri

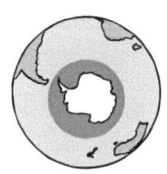

Antarktiska Oceanen

Eteläinen jäämeri

Arktiska Oceanen

Pohjoinen jäämeri

Nordpol

pohjoisnapa

Sydpol

etelänapa

Antarktis

Antarktis

Jorden

maa

land

maa

hav

meri

ö

saari

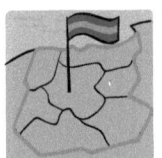

nation

kansa

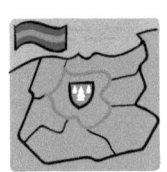

stat

osavaltio

urtavla

kellotaulu

timvisare

tuntiviisari

minutvisare

minuuttiviisari

sekundvisare

sekuntiviisari

Vad är klockan?

Paljonko kello on?

dag

päivä

tid

aika

nu

nyt

digital klocka

digitaalikello

minut

minuutti

timme

tunti

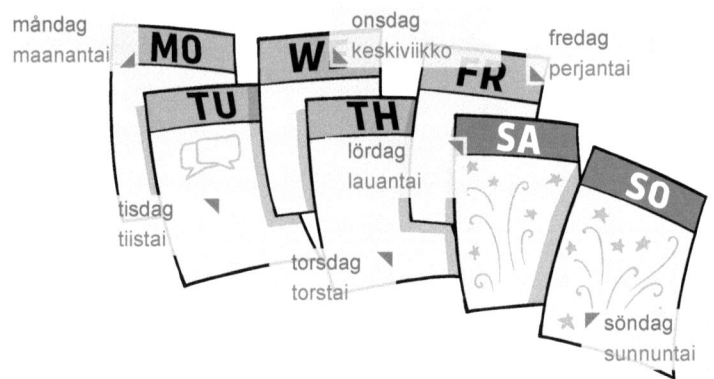

måndag
maanantai

onsdag
keskiviikko

fredag
perjantai

tisdag
tiistai

lördag
lauantai

torsdag
torstai

söndag
sunnuntai

igår
eilen

idag
tänään

imorgon
huomenna

morgon
aamu

middag
keskipäivä

kväll
ilta

MO	TU	WE	TH	FR	SA	SU
1	2	3	4	5	6	7
8	9	10	11	12	13	14
15	16	17	18	19	20	21
22	23	24	25	26	27	28
29	30	31	1	2	3	4

vardagar
työpäivät

MO	TU	WE	TH	FR	SA	SU
1	2	3	4	5	6	7
8	9	10	11	12	13	14
15	16	17	18	19	20	21
22	23	24	25	26	27	28
29	30	31	1	2	3	4

helg
viikonloppu

regn
sade

regnbåge
sateenkaari

snö
lumi

vind
tuuli

vår
kevät

höst
syksy

sommar
kesä

vinter
talvi

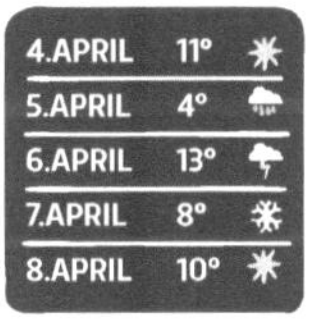

4.APRIL	11°
5.APRIL	4°
6.APRIL	13°
7.APRIL	8°
8.APRIL	10°

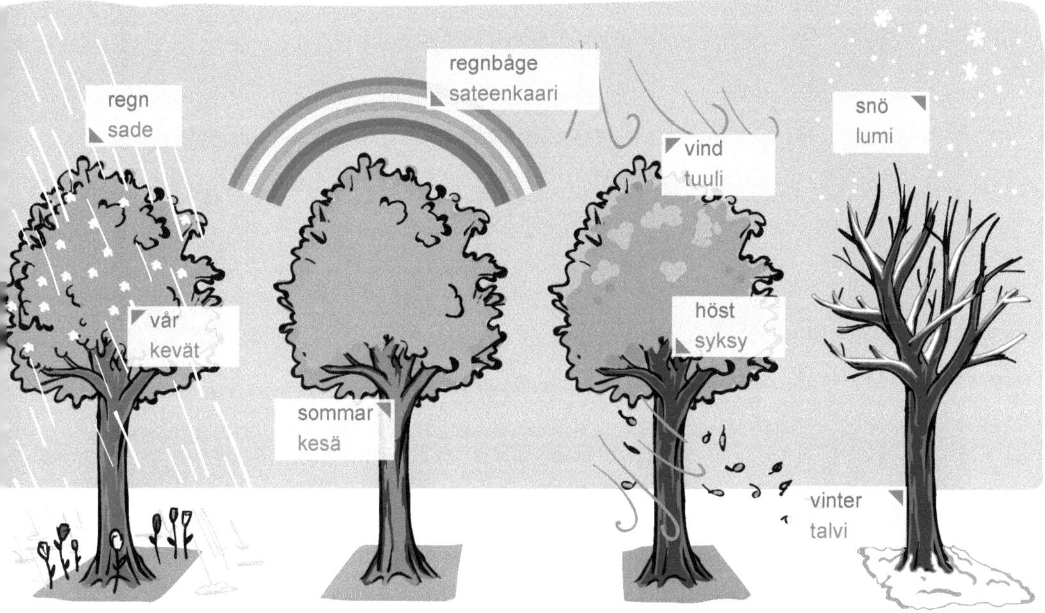

väderprognos

sääennuste

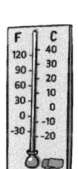

termometer

lämpömittari

solsken

auringonpaiste

moln

pilvi

dimma

sumu

luftfuktighet

ilmankosteus

blixt
salama

åska
ukkonen

storm
myrsky

hagel
rae

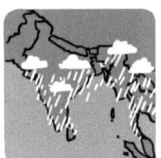

monsun
monsuuni

översvämning
tulva

is
jää

januari
tammikuu

februari
helmikuu

mars
maaliskuu

april
huhtikuu

maj
toukokuu

juni
kesäkuu

juli
heinäkuu

augusti
elokuu

år - vuosi

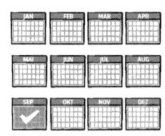

september
....
syyskuu

oktober
....
lokakuu

november
....
marraskuu

december
....
joulukuu

former

muodot

cirkel
....
ympyrä

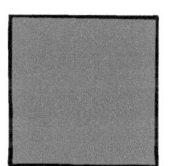

kvadrat
....
neliö

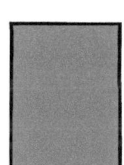

rektangel
....
suorakulmio

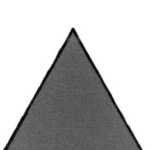

triangel
....
kolmio

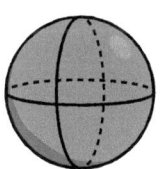

sfär
....
pallo

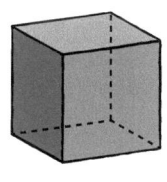

kub
....
kuutio

vit

valkoinen

gul

keltainen

orange

oranssi

rosa

vaaleanpunainen

röd

punainen

lila

violetti

blå

sininen

grön

vihreä

brun

ruskea

grå

harmaa

svart

musta

mycket / lite

paljon / vähän

arg / lugn

vihainen / ystävällinen

vacker / ful

kaunis / ruma

början / slut

alku / loppu

stor / liten

suuri / pieni

ljus / mörk

vaalea / tumma

bror / syster

veli / sisko

ren / smutsig

puhdas / likainen

komplett / ofullständig

täydellinen / epätäydellinen

dag / natt

päivä / yö

död / levande

kuollut / elävä

bred / smal

leveä / kapea

ätlig / oätlig

syötävä / syömäkelvoton

ond / god

paha / kiltti

upphetsad / uttråkad

innostunut / tylsistynyt

tjock / smal

lihava / laiha

först / sist

ensimmäinen / viimeinen

vän / fiende

ystävä / vihollinen

full / tom

täysi / tyhjä

hård / mjuk

kova / pehmeä

tung / lätt

painava / kevyt

hunger / törst

nälkä / jano

sjuk / frisk

sairas / terve

olaglig / laglig

laiton / laillinen

intelligent / dum

älykäs / tyhmä

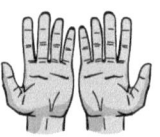

vänster / höger

vasen / oikea

nära / långt bort

lähellä / kaukana

ny / begagnad

uusi / käytetty

inget / något

ei mitään / jotain

gammal / ung

vanha / nuori

på / av

päällä / pois päältä

öppen / stängd

auki / kiinni

tyst / högljudd

hiljainen / äänekäs

rik / fattig

rikas / köyhä

rätt / fel

oikein / väärin

grov / slät

karhea / sileä

ledsen / glad

surullinen / iloinen

kort / lång

lyhyt / pitkä

långsam / snabb

hidas / nopea

våt / torr

märkä / kuiva

varm / sval

lämmin / viileä

krig / fred

sota / rauha

0	1	2
noll	ett	två
nolla	yksi	kaksi

3	4	5
tre	fyra	fem
kolme	neljä	viisi

6	7	8
sex	sju	åtta
kuusi	seitsemän	kahdeksan

9	10	11
nio	tio	elva
yhdeksän	kymmenen	yksitoista

12

tolv
kaksitoista

13

tretton
kolmetoista

14

fjorton
neljätoista

15

femton
viisitoista

16

sexton
kuusitoista

17

sjutton
seitsemäntoista

18

arton
kahdeksantoista

19

nitton
yhdeksäntoista

20

tjugo
kaksikymmentä

100

hundra
sata

1.000

tusen
tuhat

1.000.000

miljon
miljoona

engelska

englanti

amerikansk engelska

amerikanenglanti

kinesisk mandarin

mandariinikiina

hindi

hindi

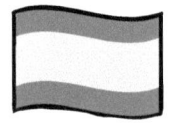

spanska

espanja

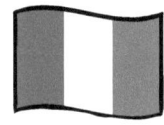

franska

ranska

arabiska

arabia

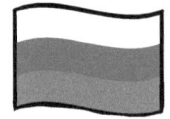

ryska

venäjä

portugisiska

portugali

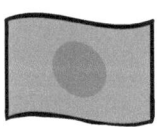

bengali

bengali

tyska

saksa

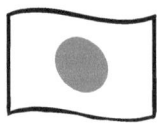

japanska

japani

jag

minä

du

sinä

han / hon / den (det)

hän

vi

me

ni

te

de

he

vem?

kuka?

vad?

mitä / mikä?

hur?

miten?

var?

missä?

när?

milloin?

namn

nimi

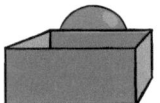

bakom

takana

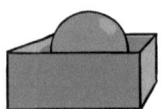

i

sisällä

framför

edessä

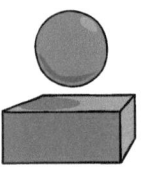

över

yläpuolella

på

päällä

under

alapuolella

bredvid

vieressä

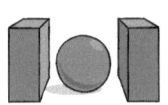

mellan

välissä

plats

paikka